国家出版基金项目
NATIONAL PUBLICATION FOUNDATION

记住乡愁

——留给孩子们的中国民俗文化

刘魁立◎主编

第七辑 民间礼俗辑

服

宋小飞◎著

饰

本辑主编 萧 放

黑龙江少年儿童出版社

编委会

序

　　亲爱的小读者们，身为中国人，你们了解中华民族的民俗文化吗？如果有所了解的话，你们又了解多少呢？

　　或许，你们认为熟知那些过去的事情是大人们的事，我们小孩儿不容易弄懂，也没必要弄懂那些事情。

　　其实，传统民俗文化的内涵极为丰富，它既不神秘也不深奥，与每个人的关系十分密切，它随时随地围绕在我们身边，贯穿于整个人生的每一天。

　　中华民族有很多传统节日，每逢节日都有一些传统民俗文化活动，比如端午节吃粽子，听大人们讲屈原为国为民愤投汨罗江的故事；八月中秋望着圆圆的明月，遐想嫦娥奔月、吴刚伐桂的传说，等等。

　　我国是一个统一的多民族国家，有56个民族，每个民族都有丰富多彩的文化和风俗习惯，这些不同民族的民俗文化共同构筑了中国民俗文化。或许你们听说过藏族长篇史诗《格萨尔王传》

中格萨尔王的英雄气概、蒙古族智慧的化身——巴拉根仓的机智与诙谐、维吾尔族世界闻名的智者——阿凡提的睿智与幽默、壮族歌仙刘三姐的聪慧机敏与歌如泉涌……如果这些你们都有所了解，那就说明你们已经走进了中华民族传统民俗文化的王国。

你们也许看过京剧、木偶戏、皮影戏，看过踩高跷、耍龙灯，欣赏过威风锣鼓，这些都是我们中华民族为世界贡献的艺术珍品。你们或许也欣赏过中国古琴演奏，那是中华文化中的瑰宝。1977年9月5日美国发射的"旅行者1号"探测器上所载的向外太空传达人类声音的金光盘上面，就录制了我国古琴大师管平湖演奏的中国古琴名曲——《流水》。

北京天安门东西两侧设有太庙和社稷坛，那是旧时皇帝举行仪式祭祀祖先和祭祀谷神及土地的地方。另外，在北京城的南北东西四个方位建有天坛、地坛、日坛和月坛，这些地方曾经是皇帝率领百官祭拜天、地、日、月的神圣场所。这些仪式活动说明，我们中国人自古就认为自己是自然的组成部分，因而崇信自然、融入自然，与自然和谐相处。

如今民间仍保存的奉祀关公和妈祖的习俗，则体现了中国人崇尚仁义礼智信、进行自我道德教育的意愿，表达了祈望平安顺达和扶危救困的诉求。

小读者们，你们养过蚕宝宝吗？原产于中国的蚕，真称得上伟大的小生物。蚕宝宝的一生从芝麻粒儿大小的蚕卵算起，中间经历蚁蚕、蚕宝宝、结茧吐丝等过程，到破茧成蛾结束，总共四十余天，却能为我们贡献约一千米长的蚕丝。我国历史悠久的养蚕、丝绸织绣技术自西汉"丝绸之路"诞生那天起就成为东方文明的传播者和象征，为促进人类文明的发展做出了不可磨灭的贡献！

小读者们，你们到过烧造瓷器的窑口，见过工匠师傅们拉坯、上釉、烧窑吗？中国是瓷器的故乡，我们的陶瓷技艺同样为人类文明的发展做出了巨大贡献！中国的英文国名"China"，就是由英文"china"（瓷器）一词转义而来的。

中国的历法、二十四节气、珠算、中医知识体系，都是中华民族传统文化宝库中的珍品。

让我们深感骄傲的中国传统民俗文化博大精深、丰富多彩，课本中的内容是难以囊括的。每向这个领域多迈进一步，你们对历史的认知、对人生的感悟、对生活的热爱与奋斗就会更进一分。

作为中国人，无论你身在何处，那与生俱来的充满民族文化DNA的血液将伴随你的一生，乡音难改，乡情难忘，乡愁恒久。这是你的根，这是你的魂，这种民族文化的传统体现在你身上，是你身份的标识，也是我们作为中国人彼此认同的依据，它作为一种凝聚的力量，把我们整个中华民族大家庭紧紧地联系在一起。

《记住乡愁——留给孩子们的中国民俗文化》丛书，为小读者们全面介绍了传统民俗文化的丰富内容：包括民间史诗传说故事、传统民间节日、民间信仰、礼仪习俗、民间游戏、中国古代建筑技艺、民间手工艺……

各辑的主编、各册的作者，都是相关领域的专家。他们以适合儿童的文笔，选配大量图片，简约精当地介绍每一个专题，希望小读者们读来兴趣盎然、收获颇丰。

在你们阅读的过程中，也许你们的长辈会向你们说起他们曾经的往事，讲讲他们的"乡愁"。那时，你们也许会觉得生活充满了意趣。希望这套丛书能使你们更加珍爱中国的传统民俗文化，让你们为生为中国人而自豪，长大后为中华民族的伟大复兴做出自己的贡献！

亲爱的小读者们，祝你们健康快乐！

二〇一七年十二月

目 录

服饰存在的意义

｜服饰存在的意义｜

中国是历史悠久的国家，有自身强大的文化系统，同时，又是多民族国家，漫长的历史中创造了优秀的传统文化，服饰文化是其中之一。服饰能体现人的社会身份、生活习俗、民族审美趣味、民族性格及民族文化等。服饰是一个民族在文明发展史上形成的特有文化之一，服饰反映了一个国家政治、经济与民风的变化与发展，也反映了民族在不同历史时期的文化面貌和精神状态。仔细研究中国服饰会发现这些服饰具有多元性、民族性、实用性、艺术性等特点，它是历史和文化综合的产物。

关于服饰的起源，众学者观点不一，但是，有一点可以肯定的是，服饰源于人类生活所需，它具有实用性。服饰文化作为一种符号也好，象征也罢，它是一种无声的语言和标志性物质文化。它也是区别不同民族的标志之一。中国有 56 个民族，每个民族有自己不同的服饰，可以从民族、年龄、性别、身份、地位等进行区分。各民族服饰各异，进而服饰也就纷繁复杂，种类多样，总体看来，有五六百种之多。普通大众通常会把他们按照地域分为南方民族服饰和北方民族服饰。按照南北地域划分民族服饰，能从地域气候特征看出服饰的大体特征，北方因为气候寒冷，其服饰的款式、类别多是一些长袍、长裤等，衣服厚重，适于气候及生产；南方则因气候宜人，服饰轻便单薄，款式多样，像傣族女性以裙装为主，身上饰品也较多。

服饰作为物质文化中的重要组成元素，反映着人类社会的发展历程。物质文化中，服饰虽然是有形文化，但是其无形的精神力量也很重要，它其实是物质文化与精神文化相互依存的一种有形物质。人们在社会中必然要穿衣戴帽。服饰是辨识人们的第一要素，人们通过人所穿服饰的材质、色彩、款式、搭配等，能够看出着装者的民族、身份、地位，甚至还能猜测其爱好性格等。服饰的材质还能反映着装者的经济生活水平和一定社会制度下生产力发展水平。服饰的生产技术还能反映区域性生产技艺水平。服饰还是工艺品，能够展示民众的审美追求、审美情感与审美诉求，非常具有观赏性。

服饰是增加民族凝聚力的一个精神表征，让相同民族的人彼此亲密无间、共同应对各种困难。每个民族的传统服饰是强化民族之间感情和民族认同的主要有效手段之一，也是主要物质文化标志符号之一。服饰在千百年来的传承过程中，成为民族生存的精神象征，它是民族集体精神的象征，是区别其他民族的不同标志之一。

服饰之各美其美

服饰之各美其美

服饰之美表现在款式、颜色、类型及深刻的文化内涵上。服饰是民众的一种审美思想表达，也是一种艺术形式和存在形式。服饰是物质文化的表现载体。纵观中国诸多服饰，不同民族有不同民族的服饰之美，有的热烈，有的奔放，有的安静，有的充满生命力，有的显示浪漫激情，但无不表达各种美。在可视的服饰中，美表现在外在形制及内在思想感情，所以，服饰作为民族文化载体的重要作用是通过各种形式美、色彩美、款式美、"内在思想美"来实现的。以下，笔者先从汉族服饰入手，再按照南北少数民族地域之分，分别从北方到南方来介绍现时中国民族服饰概况。

汉族服饰

汉族是中国的主体民族，其传统民族服饰是汉服。传说是黄帝发明，西周时汉

汉族服饰

服已经有了自己的形制，到汉朝时已经全面普及，至今已经有几千年的历史，但是学术界对于汉族是否有自己的民族服饰，学者持有不同意见。

汉族服饰在宋代以前，有很多变化，但变化较小，到元代后变化很大。从公元前3世纪到公元17世纪，也就是从汉代到明末，是汉族民族服饰的形成、推广期。从17世纪到19世纪末，满族服饰与汉族服饰结合，是定型时期。17世纪到19世纪汉族的女式服饰保留了明代的传统服饰样式，基本上是上衣下裤或上衣下裙的装扮。从外在形制上看，基本就是两种类型，一是上衣下裳制，一是衣裳连属制。汉族传统服饰的变化没有脱离

这两种形式。随着时间的推移，汉族传统服饰也有一些少数民族的特点融入其中。比如清代时期的服饰中融入了满族的服饰特点，男装外面是长衫或长袍，有时外面是马褂或马甲（坎肩），内穿对襟衫，下身穿裤子。女外装一般上衣穿袄，下身穿裙子。今天的汉族服饰穿着经过了历史的变迁发展到今天，今天的服饰由于现代化社会因素的加入，表现得更加多元化、时尚化。

蒙古族服饰

蒙古族是马背上的民族，善于骑射，无论男子还是女子，均能携弓带箭，骑马奔跑。蒙古族不同时期的服饰多少有些变化，比如蒙古汗国和元朝时期的蒙古族

服饰就有些区别，汗国时期服饰有长袍、卷云冠、方领长袍、交领式长袍等，服饰展现的主要是古朴传统。而到了元朝时期，因为经济的富足和社会的鼎盛，和其他国家民族的频繁交往，致使服饰文化也呈现多元的特点：比如坎肩就有短款坎肩、长款坎肩，还有长袍、马褂、靴子等。至今蒙古族民众服饰依然以蒙古袍为主，衣服主要有皮袭、笠儿、布衫、汗衫、夹袄，腰带有玉带、金带、角带，配饰主要有汗巾、手巾、护膝等。女性多穿蒙古袍，袍子两边宽大，长度直到脚跟，两侧开衩，领口和袖口有各色花边。男性春秋穿夹袍，夏季穿单袍，冬季穿棉袍或皮袍。一般女性的服饰多为红色、粉色、绿色等鲜艳颜色，而男性服饰多为蓝色、棕色等。

满族服饰

满族人口居全国少数民族人口中第二位，主要分布在黑龙江、吉林、辽宁、北京、河北等地，满族建立了中国最后一个封建王朝。满族服饰以旗袍、坎肩、马褂为主且普遍流行。清朝时，满族贵族及八旗子弟均穿着宫廷服饰，民间服饰则融合了其他民族的文化。据史籍载，中国服饰制度建立是在夏商以后，至周完善。满族建立的清王朝时期有官服和民间服饰之分。普通民众所穿的服饰多为马褂、坎肩、布衫、布袍等。男性常穿的服饰为马褂，是在长袍之外的服饰，长至肚脐处，左右及后开气儿的袍褂。这种服饰最初为短袖、对襟，长至臀部。后来马褂逐渐变成人们日常生活所穿的常用服饰，因此款式也有所变化，有长袖、短袖、宽袖、窄袖之分，面料多用绸缎、呢、铁线纱等，颜色多艳丽，有明黄、天青、深蓝、银色、桃红、嫩绿等。

旗袍，是满族的标志性服饰。袍式服装是满族民众比较热爱的服饰之一，分为

单、夹、棉、皮四类。旗袍
为圆领、大襟、窄袖，四面
开气儿（入关后改成两面开
气儿或不开气儿）。满族女
性旗袍非常讲究装饰，要在
衣襟、袖口、领口处镶边儿。
随着时代变化，旗袍不断改
进，在领口、衣襟等处开始
使用绸缎制作，使旗袍变得
更加炫目俏丽。女性旗袍还
对三围进行了处理，让女性
尽显完美身材。满族女性擅
长刺绣，所以在服饰的衣襟
上，常绣有花草、动物等图
案，带有鲜明的民族特色。

坎肩，是满族民众喜爱
且常穿的服饰之一，用途非
常多。坎肩也叫"马甲""背
心"等，无袖，常穿在长衫
外。坎肩分为前后两片，穿
时将连接前后两片的纽扣系
上即可，坎肩有单、夹、棉、

满族服饰

满族服饰

11

皮之分，不同季节可穿不同材质的坎肩。满族坎肩为立领，长至腰部，有对襟、大襟、人字襟、一字襟等款式之分。坎肩颜色比较明亮，如宝蓝色、天蓝色、酱色、金色等。其面料多为绸缎、纱料等。坎肩比较注重装饰，在坎肩的边缘处镶有和主体颜色不同的条边，谓之"镶边儿"。"镶边儿"很有讲究，尤其是女式坎肩，要讲究镶边儿的道数，所以有"十八镶"的说法。

维吾尔族服饰

维吾尔族服饰繁复、多样，比较有特色。维吾尔族女性服饰较多，有长短外衣、坎肩、衬衣、裙子等。其中，长外衣有两种：合领和直领；短外衣有三种：对襟、右衽和半开右衽。维吾尔族女性穿裙子居多，她们喜爱用花布做连衣裙，最喜爱用的是艾德莱斯绸做的裙子，非常富有民族风。维吾尔族女性在连衣裙外喜爱穿外衣或坎肩，裙子里穿长裤。老年女性用一些深沉的颜色，

| 维吾尔族服饰 |

年轻女性则多用一些艳丽的颜色，她们的衣服上还缀有一些金银质地的圆球、圆片等。维吾尔族女性以长发为美，多留长辫，同时戴上特色花帽，花帽一般技艺精湛、制作精良，花帽的图案与纹样多变，这与各地区生活环境有关，有明显的地方特色。

维吾尔族男性服装多是宽松式，有长外衣、长袍、短袄、上衣、衬衣、腰巾等。他们对外衣统称为"袷袢"。袷袢是维吾尔族男装的主要款式，长度过膝，对襟、无领、无扣，有腰巾束腰。整体宽松合体，典雅大方，袷袢比较受维吾尔族民众欢迎的衣料为切合散，材质较软，是缝制袷袢的上好材料。维吾尔族青年男子喜爱用白色布料缝制合领式衣，衣领处、袖口处、前胸等均有装饰性花边，下身配青色长裤，穿皮靴，整体年轻朝气。男性服饰颜色的选取多选用黑、白、蓝、灰等色。

回族服饰

回族标志性服饰在于头部，男性喜爱头戴白色圆帽，有平顶圆帽和六菱形圆帽之分，上面绘有图案。回族女性爱戴盖头，从盖头颜色可以看出年龄的区别，老年女性戴白色盖头，中年女性戴黑色盖头，未婚女性戴绿色盖头。冬季时老年女性喜戴黑色或褐色头巾，年轻一点的女性戴红色或绿色头巾。

除却头部重要的标志性头巾之外，回族男性喜爱身穿长袍。坎肩也是回族男子服饰之一，对襟，黑色，里面穿白衬衫，黑白对比鲜明，上面有伊斯兰图案或各种花卉图案。坎肩也根据季节不同，有棉、单、夹、皮之分。

回族女性穿的传统服装是大襟衣，衣服的前胸和衣襟上有刺绣，一般绣有各种花卉图案，服装右边为扣子，她们衣服的颜色以素雅为主，多是黑、蓝、灰等颜色，年轻女性也有穿略微艳丽一点颜色的。回族人有节日盛装，做礼拜的时候，一般穿礼拜服。

回族服饰

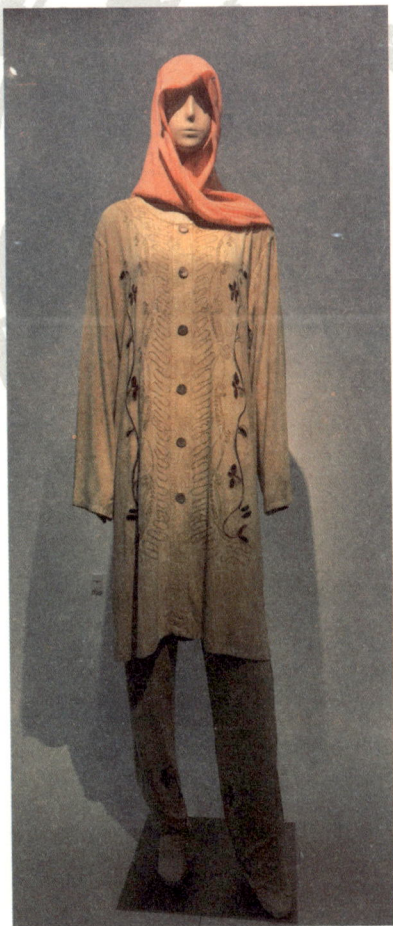

藏族服饰

藏族服饰主要是藏袍，藏袍材质不一，有高级毛料、毛皮、氆氇之分。这种藏袍男女老少都可以穿。大长身，长至脚面，衣襟镶边。男性藏袍多为素色，节庆之日穿的藏袍多有彩色镶边；女性藏袍附带很多装饰，且色彩艳丽。最具代表性的藏袍镶边是用颜色艳丽的毛织品做的彩带装饰。

藏族女性服饰分为普通

生活中的常规服饰和节庆时穿的盛装，其区别较大。女性藏袍在肩部、袖口和下摆处均有黄、红、绿等色调的条纹装饰，用色大胆，均是撞色。节庆活动之时，藏族同胞的服饰也是一大亮点，她们穿着色彩明艳的藏袍，配上漂亮的腰带或花边。同时，藏族女性喜爱首饰，首饰的样式也异常多样丰富，且和服饰相搭配。

藏族男性服饰主要有生活常用服饰、礼服和武士服。一般劳动时所穿的服饰较为简单，即用棉布或绸缎所做的至腰部的短衬衫，左襟大，右襟小，外穿棉布或毛料制作的圆领宽袖长袍，长袍两袖交叉经前腹部系在腰后，下垂部分边缘齐于膝盖，腰部形成一个囊袋状，可放随

藏族服饰

身携带物品。下身穿裤子，头戴礼帽，脚穿藏靴。节庆时穿的藏袍在做工和选料方面比较精美。比如内衫多选丝绸或茧绸布料，领子、衣边做工精细。貂皮镶边的氆氇或毛呢袍子是武士服，藏族男子还在腰部配有长刀，身上挂有护身符和长短枪，颇有武士风范。

朝鲜族服饰

朝鲜族是能歌善舞的民族，对于服饰穿着非常讲究。朝鲜族服饰有常服、礼服、特殊服饰之分。朝鲜族人比较喜爱白色，所以朝鲜族有白衣民族之称。

朝鲜族女性穿的服饰，斜襟，无纽扣，用长布带打蝴蝶结。女性平日里上穿斜襟短衣，下穿长裙，用长布带在右肩下方打蝴蝶结，裙子颜色多样。儿童的衣服袖子用七色缎制成，穿起来非常好看。年轻女性的上衣袖口和衣襟镶有色彩艳丽的绸缎边，长布带也是彩色绸缎做成，老年女性爱穿白

朝鲜族服饰

色衣裙。

朝鲜族男性的上衣为短上衣、斜襟、左衽、无扣，前襟两侧各有一个飘带，穿时将其系在右襟上方，短衣外面有坎肩，下身是肥大裤子，裤子白色居多，裤子宽大，裤脚系有丝带，便于盘腿席炕而坐。也有在外穿道袍或朝鲜长袍的，但现在长袍几乎没人穿。

哈萨克族服饰

哈萨克族是游牧民族，他们的服饰为了骑乘方便，多用动物皮毛做材料，如羊皮、狐狸皮、狼皮等，也有布料的服饰。哈萨克族女性夏季穿绸缎做的连衣裙，年轻女性的上衣袖子上有绣花，裙子有多层荷叶边，夏季在外面穿坎肩，冬季在外

哈萨克族服饰

面穿棉衣。女性比较讲究帽子和头巾。夏季，未婚女性头部会扎漂亮的三角巾或方形头巾；冬季，她们头戴有象征着勇敢坚定的猫头鹰羽毛的圆顶硬帽。

哈萨克族男性内衣穿套头高领且衣领上有刺绣图案

|哈萨克族服饰|

的衬衣，外面穿西式背心，外衣多穿布质或者动物皮毛材质的大衣，腰部有皮带，下身穿肥裆皮裤。他们喜爱戴帽子，帽子按季节划分冬春和夏秋两种。冬春季节戴头部左右有两个耳扇，后面有一个长尾扇且是用狐狸皮或羊皮制作的尖顶四棱形帽，这种帽子有遮挡风寒之功效；夏秋帽子是羊皮制成的白色毡帽，防雨防暑。

撒拉族服饰

撒拉族是信奉伊斯兰教的民族，主要居住在青海循化、青海化隆和甘肃积石山一带。撒拉族男性服饰颜色多选取白、黑色，忌用红色、黄色及花色；女性衣着艳丽。撒拉族服饰和回族相似，区别就是上衣较回族宽大，腰

撒拉族服饰

脚穿绣花鞋，喜爱戴首饰且头戴盖头。盖头依年龄不同而颜色不同，年老女性喜爱戴白色盖头，中年女性喜爱戴黑色盖头，年轻女性喜爱戴绿色盖头。

塔吉克族服饰

塔吉克族生活在寒冷的高原地带，以畜牧业为主，服饰多用皮毛毡褐为原材料制成，后来随着社会发展变化，也使用布料和丝绸。塔吉克族女性一年四季都爱穿颜色俏丽的连衣裙，且塔吉克族少女喜欢戴绒面的圆形帽子，帽子周边用各种金银亮片镶边或者有其他图案。帽子前沿有一排小珠子，所以塔吉克族人被称为"生活在云彩上的人家"。塔吉克女性喜爱刺绣，她们

间系布。撒拉族男性喜爱穿白色衬衫、黑色坎肩，束腰带，腰带是红布带或者绣花腰带，下身长裤，头戴黑色或白色圆顶帽。

撒拉族女性穿短上衣，外有黑色坎肩，身穿长裤，

常常在衣服、腰带、坐垫等服饰、物品上面绣上各种花卉图案。

塔吉克族男性里面穿衬衣，外穿对襟黑色长外套，无领，冬天穿光面羊皮大衣。

| 塔吉克族服饰 |

男女均喜欢穿红色长筒尖头软底皮靴和毡袜。

鄂伦春族服饰

鄂伦春族是游猎民族，其服饰有明显的民族性格，早期服饰以兽皮为主，鄂伦春族也是北方少数民族中皮毛服饰文化保留最为完整的民族。清朝之后，鄂伦春族人开始穿布衣。鄂伦春族的服饰材质多为动物皮毛，多使用狍子皮和鹿皮制作。冬季和春秋季节的皮毛不一，冬季多用冬季打的狍子皮做服饰，冬季狍子皮毛厚实且温暖；春秋季节则用春秋季的狍子皮毛做服饰，春秋狍子皮毛短凉爽。

鄂伦春族男女均穿皮袍，皮袍有冬夏之分。男女皮袍有两种款式，一种为长袍，长至膝盖处；另一种为短袍，是鄂伦春族打猎时经常穿的短至大腿上部的短皮袍。两种皮袍款式基本相同，领子为可摘卸的水獭或貂皮制作的毛领。袍衫则用纽扣连接，右开襟，皮袍下摆较为宽大。为了上山打猎方便，皮袍前后襟处还设有开衩。长皮袍一般过膝盖至小腿处；短皮袍一般长至膝盖。短皮袍衣襟前后开衩，从下衣摆处开到大腿根部。鄂伦春族皮袍在衣领、袖口及衣摆处用薄皮包至缝边，有装饰美化之用。女性皮袍的装饰多于男性皮袍，女性皮袍的镶边多以黑皮边为主，袖口、衣襟则为黄色装饰边，除此之外，也有红色、黄色、黑色等细皮条的装饰。女性皮袍的经典之处在于开衩处，女性皮袍在两侧开衩，长皮袍前后有横条装饰。为了追求审美，上面还缝有造型各异的黄色皮条，使得皮袍整体造型美观大方，既有整体性，细微处也有装饰。

因鄂伦春族所处地域气候寒冷，冬季漫长，因此冬季服饰居多。冬季穿的皮毛

鄂伦春族服饰

21

背心也是重要服饰之一，一般是皮毛朝里、皮面朝外，有对襟、侧开襟之分，无领，领口及袖口均有镶边。女性的皮毛背心在颜色和款式上均较男性的漂亮美观。除此之外，鄂伦春族人还穿皮裤、套裤，戴皮帽、手闷子等。

鄂温克族服饰

鄂温克族服饰材质多为兽皮。他们的服饰比较宽松、肥大，斜大襟，便于穿着。冬季一般用长毛、厚皮毛做衣服，春秋用小毛皮、夏天用去了毛的光板皮做衣服。冬季多是大毛长袍，袖子很宽；羔皮袄是接待亲朋好友才穿的服饰，要用羔羊皮制作而成，且用布或绸缎吊面。下身一般穿皮裤，裤子上有花纹图案。他们使用的兽皮多是羊皮和狍子皮。他们的衣服常在衣襟衣领等处用布或羔羊皮镶边，穿长袍时要扎腰带。

| 鄂温克族服饰 |

赫哲族服饰

赫哲族是一个具有悠久历史的民族，他们生活在黑

龙江、乌苏里江、松花江流域，自古以捕鱼和狩猎为生，表现在服饰上也是取之于自然用之于自然。赫哲族服饰主要以毛皮和鱼皮为主要原料。其鱼皮服装样式主要有鱼皮袍子、鱼皮衣、鱼皮裤、鱼皮手套、鱼皮靰鞡等。缝制鱼皮服装要根据鱼皮的自然纹路进行拼接，线则用鱼皮线。男式服装一般为对开襟短衣，衣服下摆中间长，两边短，底边成弧形，衣摆处有开衩，所有的边儿全部是鱼皮包边。女式鱼皮衣有右衽开襟短衣，款式有点像满族的夹衣，立式圆领，斜开襟，衣袖连为一体的中式裁剪，下摆处中间略长于两边，两边开气儿，袖口、衣摆处均有包边。女式鱼皮长衣，长度过膝，分为上下两部分，上衣类似满族旗袍，为斜开式开襟衣衫，无领。

达斡尔族服饰

下身为裙装。男女短衣上均有五个衣扣，立领。衣襟和袖口、下摆处均用鱼皮包裹边缘。边缘处绣有各种云卷纹图案。鱼皮衣是熟鱼皮制作而成，其颜色有蓝色、白色、紫色、红色等不同色彩。男女鱼皮裤均是纵向排列组成的拼接图案。裤子是连腰抿裆便裤。

达斡尔族服饰

达斡尔族服饰和他们的生产生活方式密不可分。其生产生活方式决定了他们的服饰具有狩猎文化和农耕文化的特征。早期达斡尔族服饰有狩猎服饰，就是兽皮服饰，即狍子皮衣，长袍长度过膝，短袍则在膝盖之上。狍子裤就是套在皮裤外面。男人外出打猎穿着狍子皮制作的服装，保暖性强。达斡尔族男式皮袍领子为方形毛领，毛领用貂皮或獭毛制作，狍子皮衣长至膝盖，腰部要扎腰带，腰带有皮腰带和布腰带，衣摆下端开四衩，这样是为了骑马方便。衣下摆、袖口、开衩处均用薄皮包边，有装饰和保护衣服之用。

达斡尔族进入农耕时代后，服饰发生相应变化，主要运用纺织材料作为服饰原材料，冬季皮毛服饰和织物服饰一起合用，夏季多是棉布和丝绸服饰，不变的是还以长袍为主要款式，男女服装皆为立式圆领，衣服右斜开襟，下摆开衩，衣领、袖口下摆等处均有花边装饰，男性长袍袖口为窄袖，女性则为宽袖，年龄大小也有些许区别，年老的长袍肥大，显得庄重，年轻的略微偏瘦，显得精神。

东乡族服饰

东乡族信仰伊斯兰教。东乡族男子上衣为有扣、高领的服饰，外面套一件坎肩，冬季再披一件斜襟羊皮袄。男子喜爱戴号帽或及平顶软

东乡族服饰

帽。东乡族女子穿大襟、宽袖的绣花衣服，一般袖口有花边装饰，上衣较大，大襟在身后，外面一般穿坎肩，长裤至脚面。下身穿套裤，裤管有花边，裤管后面有开衩，用飘带束缚裤管。女子喜爱盖头，长至腰部，要把头发全部遮住。盖头有年龄之分，一般少女戴绿色盖头，中年女子戴黑色盖头，老年女子戴白色盖头。

柯尔克孜族服饰

柯尔克孜族大部分生活在新疆的克孜勒苏州，他们主要从事畜牧业。柯尔克孜族女性上衣为对襟、宽大无袖、长度不过膝，下身多数是长裙，长裙尾端镶皮毛，也有穿连衣裙的，裙子尾端带雏裥，外面套有黑色坎肩。年轻女性多喜欢上穿直领、对襟衬衫，内衣有翻领，外面套坎肩，圆筒状红色多褶

| 柯尔克孜族服饰 |

连衣裙，上端束于腰间，下端镶皮毛。女性戴圆领金丝绒花帽，上有头巾，还有一种帽子是镶有装饰品或刺绣的，在这种帽子里面还要再戴一个绣花软帽。

柯尔克孜族男性传统服饰为圆领绣花衬衫，外穿坎肩，下身为宽脚裤。男性服饰多黑、灰、蓝三色，天冷时穿无领大衣。

牧区的柯尔克孜族戴"卡尔帕克"比较普遍，这种帽子是柯尔克孜族的重要标志物之一，未婚女子戴红色且有樱穗羽毛等装饰品的金丝绒圆顶小花帽，年轻女子戴头巾，年老女性戴素色头巾。

锡伯族服饰

锡伯族人在清代时，男子喜爱穿青色、灰色、棕色等颜色服饰，服饰和满族旗装样式相同。男子上身穿大襟长袍，长至脚面，也有短袄，外穿坎肩，下身长裤，腰间挂荷包，脚穿布靴，夏季头戴笠帽，冬季戴毡帽或礼帽。

锡伯族女性服饰比男性

锡伯族服饰

讲究，穿旗袍，外穿大襟或对襟坎肩，贴花边。衣襟、袖口、衣领、下摆有镶边，脚穿绣花鞋。已婚女性比未婚女性的服饰鲜艳，发型也不同，已婚女性要梳盘龙髻，额前有"刘海"，脑后有"燕尾"，头顶上乌发蓬起，盘成髻型，日常生活中梳成双辫或两抓髻，合起来成为一个大丸子头。

土族服饰

土族女性标志性服饰是花袖衫，俗称"七彩袖""彩虹袖"，土族语称作"秀苏"。一共分为七层，每一层均有象征含义，从下面往上数，

28

第一层黑色，象征土地；第二层绿色，象征青草；第三层黄色，象征麦子；第四层白色，象征甘露；第五层蓝色，象征蓝天；第六层橙色，象征金色光芒；第七层红色，象征太阳。花袖衫外面套有深色坎肩，腰部有腰带，腰带上有罗藏和钱褡裢。

土族男子上衣为斜襟小领长衫，胸前镶有一个方块形的彩色图案，他们有时还穿绣花领子的白色短褂，外面套黑色或紫红色坎肩，腰部系有花头腰带，下身穿黑色或蓝色的大裆裤，白色裤带两端绣有花卉图案，小腿有绑腿。年老男性穿小领斜襟长袍，外穿黑色坎肩，系黑色腰带。冬季男子穿大领、大襟光皮皮袄，且衣领、大襟、下摆、袖口等处均有镶边。

裕固族服饰

裕固族服饰长度很长，相当于自己的身高，男女均穿高领、大襟、右衽、开衩长袍。男子头戴金边白毡帽，

裕固族服饰

29

帽檐后边卷起，前低后高，呈扇形。帽子正中有圆形或八角形图案。冬天穿绸缎面长袍，扎大红腰带，腰带上配腰刀、火镰、鼻烟壶等。衣襟上有彩布或锦缎镶边，富裕的人用水獭皮镶边，用以装饰。

裕固族女性穿高领且下摆开衩的长袍，在衣领、袖口有花边，外套颜色艳丽的缎子高领坎肩，腰系鲜艳颜色腰带，脚穿长筒皮靴。裕固族女性有戴帽子习惯。帽子是用白色羊毛擀制的毡子制成，帽子前檐镶有黑边，后檐微翘，帽顶有红线穗子垂在帽顶周围，有的还有各色花纹。

乌孜别克族服饰

乌孜别克族服饰比较精美、华丽。男子传统服饰是长衣，长衣有两种款式：一

| 乌孜别克族服饰 |

种是直领、开襟；另一种是斜领、右衽，腰部有三角形绣花腰带，衬衣的领边、袖口、衣襟等处绣有颜色亮丽的花边图案。乌孜别克族男子夏季喜欢穿绸子材质的套头短衬衣，春秋穿长衣，冬季穿毛衣、毛裤、羊皮袄等。

乌孜别克族女性服饰主要是连衣裙，开领，宽大多褶。上衣是无领、无袖、对襟短衫，下摆中间和两边开衩，她们冬季多穿毛衣、毛裤和呢子大衣。

塔塔尔族服饰

塔塔尔族男子内穿宽袖、有花边的套头白衬衫，外穿对襟、无扣的黑色坎肩或黑色长衣，下穿窄腿长裤。男子喜欢戴绣花小帽和圆形平顶丝绒花帽。女性服饰与欧洲民间服饰接近，上身穿短上衣，下身穿长裙，外面穿紧身坎肩，头上戴纱巾向脑后打结，也穿大荷叶边的连衣裙。塔塔尔族妇女擅长刺绣，她们能在服装上绣出各种美丽的花纹，或在桌布、窗帘、枕头、被罩等物品上面绣出很多图案。

| 塔塔尔族服饰 |

俄罗斯族服饰

中国的俄罗斯族是以前俄罗斯人移民到中国的后裔，散居在内蒙古恩和、新疆等地。俄罗斯族男子多穿斜领麻布衬衫和呢子上衣，系腰带，下身穿细腿长裤，

俄罗斯族服饰

长筒皮靴。女子夏季穿麻布衬衫，外穿无袖长袍"萨拉凡"，下穿毛织长裙，节日里爱穿绸制的绣花衬衫，男女均爱穿皮靴。俄罗斯族女性喜爱在头上戴三角巾，未婚和已婚有区别：未婚女性是把头发编成长辫子，上面的头饰是敞开的；已婚女性把头发梳成两条辫子盘在头顶，再用头巾盖住。

苗族服饰

苗族服饰渊源深厚，款式类别、头饰、图案等均有神话故事。苗族服饰种类繁多，工艺精湛。苗族因为语言方言和地域的不同而导致服饰也有区别，比如湖南湘西的苗族服饰和贵州黔东南的苗族服饰就不一样。

苗族服饰分为盛装和常

装。盛装通常在节庆之日才穿，平时穿的便是常装。盛装不同于常装，要配银饰，各部位的装饰样式就有 100 多种。

湖南湘西苗族在清代雍正年间之前，男女穿花衣裙，之后，和汉族相差无几，男性是对襟短衣，头缠头帕，脚裹绑腿。女性穿圆领大襟右衽，袖口、衣领等处有装饰图案，下身是宽脚裤，腰部系花围裙，这些装饰图案多是湘西苗族民众自己绣的各种花草虫鸟图案，还要佩戴银饰。

贵州黔东地区男性穿对襟短衣或者大襟长衫，长裤，腰扎腰带，头缠头帕。女性上衣为交领右衽上衣，也有大领对襟开胸短上衣，内挂菱形胸衣，有的上身穿大襟短衣，下身穿百褶裙。衣服材质多是自己织染的棉布，颜色有青色、咖啡色等。工艺方面广泛运用刺绣、蜡染、编织、挑花等技艺。黔东南

苗族服饰

| 苗族服饰 |

长衫，外面套有披领或披肩。海南地区也有苗族，女性多穿深蓝色圆领右衽偏襟或到膝盖的上衣，右衣襟比左大襟短 15 厘米左右，一般只在颈下有一颗纽扣，下面是蜡染短裙。男性服饰为琵琶襟短衣，下着长裤。

壮族服饰

壮族是我国人数最多的少数民族，因其所穿衣服为黑色而得名，遂称为"黑衣壮"。壮族服饰总体特征是上身穿大襟上衣，下身穿宽大裤脚的裤子。

男性服饰为对襟、开气、上有六至八对布结纽扣、胸前有一对小兜、腹部有两个大兜的短上衣，下摆折成宽边。下穿长至膝部且肥大的裤子，有的缠绑腿。女性服

地区男性服饰为大襟长衫，节日会穿女式的围裙；女性服饰为交领对襟衣，百褶长裙，上衣还有披带，佩戴头帕银饰等。在四川和云南部分地区的苗族女性服饰是大襟或对襟短上衣，下衣是长裙，要系围裙，后面垂着飘带。男性服饰为对襟或大襟

饰一般也是蓝黑色，上衣是右衽短偏襟或对襟上衣，有长短和有无领之分，有扣，有暗兜藏于腹前襟内，颜色是藏青色或深蓝色。下衣穿宽大的黑色肥脚裤，腰部有围裙。裤子外面会套上百褶裙，裙角捆三条边。头戴提花头巾，也佩戴一些首饰。

傣族服饰

傣族服饰与水稻文化有密切关系，他们的服饰经历史发展演变成今天的模样，但是亘古不变的是他们的桶裙服饰。从公元前2世纪古滇国有桶裙实物的发现到后期的史书记载中，虽然历经

傣族服饰

千年，但是它的款式基本没有变化。

傣族生活在亚热带，他们的生活习俗受印度中南半岛等诸国文化的影响。傣族服饰款式简单，色彩和谐。西双版纳傣族以青、白为主色调，红、黄、绿为辅色调。傣族服饰因地区、支系不同而服饰各异，但基本款式相差无几，均能显示出傣族女性的婀娜之姿。傣族女性上衣穿背心或者紧身的对襟短上衣，短上衣偏开襟到右方腋下，上面镶有银制纽扣，短上衣无领，但有小开衩，颜色多为粉红、嫩绿等靓丽的色彩。整个形体会用紧身的服饰勾勒出来，衣长过脐。下身穿一式的长裙，桶裙把腰部收缩的下摆连接处紧紧裹住，形成波状的三段身材，腰部系有一根银腰带或长丝绸，无其他装饰。德宏地区的傣族女性，婚前上衣习惯穿浅色大襟短衫，下身穿长裤，系一绣花围裙，婚后一般穿对襟短衫和桶裙。新平、元江一带傣绷支系的傣族女性服饰是傣族中款式最复杂、最华丽的，俗称"花腰傣"。"花腰傣"得名因上衣较短，腰部裸露在外，用一条较宽的彩带缠腰。其主要特征是精美亮丽，上衣为开襟短衫，两件，其中一件是贴身内衣，内衣圆形小立领，外面一件是无扣外衣，长度至腹部，领口及下摆处镶有闪亮的银饰等，外衣无领无扣，比内衣短，仅遮住胸部。

傣族男性服饰是无领对襟或是大襟小袖短衫，下衣是长裤。

侗族服饰

侗族服饰多种多样，形态各异。其服饰以居住地域划分，可分为南北类型。北部侗族因和汉族交往密切，男性服饰和汉族相似，女性服饰有传统特色。南部侗族则不同，他们擅长刺绣，因此服饰精美，女性多穿无领大襟衣，上面绣有龙凤图案。腰部系有腰带，用银腰围，下身穿宽大长裤，节日盛装则是穿古老的百鸟衣、月亮衣、银朝衣等。

侗族服饰有普通生活装和节日盛装。普通生活装的女性服饰上下搭配形式多样，比如三江侗族女性服饰一般有对襟裙装式、交襟左衽裙装式、交襟右衽裤装式、交襟左衽裤装式。她们的服饰搭配菱形绣花肚兜，上面

绣有喜鹊、谷穗、荔枝等花鸟纹样。对襟上衣多是黑色、黑紫色或紫红色，无领、无扣、窄袖、下摆开衩，长度至臀部。交襟左右衽上衣一般为宽大型款式，袖子长短皆有，里面有内衣，内衣里有菱形肚兜。下衣有黑色直筒裤和百褶裙，裙子长度至膝，年轻女性的裙子长度在膝盖以上4厘米左右位置，短裙显得年轻时尚。年老女性的裙子略微长一些，在膝盖以下位置。裙子绑腿用黑色侗布做成，上面有绣花，用彩色丝带捆扎，脚上穿白色袜子和绣花鞋。下田劳动时则多穿及膝的宽筒裤。节日或婚礼等重大场合时，女性穿节日盛装，多是在生活装的基础上佩戴很多项圈、牌饰和项链，衣服要穿多层，体现层次感和华美感。

侗族男性服饰没有特别

之处，一般上衣是立领、对襟，系腰带，头用青布包头，外衣为无纽扣坎肩，下身穿长裤，裹绑腿。

哈尼族服饰

哈尼族多居住在云南西部，是山地农耕民族。其服饰的款式、纹样及色彩均能折射出生活环境带给他们的影响。哈尼族女性一般身着无领偏右衽对襟上衣，长裤，在衣服的袖口、衣边、胸前、裤脚边皆镶有彩色装饰花边。西双版纳地区的哈尼族女性喜穿短裙，胸前挂有银饰，戴有小银泡的圆帽。女性一般戴很多银饰品，项圈、项链、耳环、手镯等。

哈尼族男性穿对襟上衣，下身长裤，用黑布或白布裹头。他们崇尚黑色，服饰多以黑色为主。无论男女青年都爱穿颜色亮丽的服饰及佩戴饰品，随着年龄增长他们逐渐褪去鲜艳的饰品，让自己逐渐变得庄重、淡雅。所有的银饰品等都要传给后

哈尼族服饰

代。哈尼族随着年龄的不同，服饰也有所变化，从儿童期到青年期再到老年期，服饰均不同，因此民间有"服饰三变"的说法。

彝族服饰

彝族服饰中承载着尚黑、敬火、崇虎的文化印记，

彝族服饰

他们的服饰古朴、美观、种类繁多，不同支系的服饰各不相同。主要是由服装和饰品组成，服装有上衣、下装、足衣、头衣等。

彝族服饰的最大特色是彝族男女都身披"擦尔瓦"，"擦尔瓦"由羊毛擀制而成，形似斗篷、披肩，上端用毛绳收领。"擦尔瓦"有原色、麻灰色、深蓝色和青色。彝族支系众多，所以各地服饰有区别，但是"擦尔瓦"是彝族常穿不变的披肩。

彝族男子喜欢在头顶蓄发，在男孩四五岁时，头顶前方留一块方形头发，成年后挽成一个发髻，待年老时发髻则会更加粗壮，这是任何人不得触摸的地方。彝族男子喜戴蓝色或黑色粗布做成的头巾，缠绕在头顶四周

而不盖顶，将一端打结，另一端裹住，彝语称为"助替""子帖"，后改称为"英雄结"。

彝族的服饰上衣多为有领上衣、无领上衣、有袖或无袖坎肩；下衣主要是裙子和裤子两种。有领上衣的男女装均为立领，领子可随时取下。坎肩一般是无领、无袖、无扣且用一整张羊皮做成的羊皮坎肩。彝族女性穿的最具代表性的裙子即材质为棉布、麻、丝织品的百褶裙，上面部分成筒状，下面层层褶皱，少则百褶，多则上千褶，有童裙和成人裙之分。色彩使用方面，通常童裙为浅色系，成人裙上部用深色系，下部根据年龄颜色不同，年轻人的用黄色、红色、白色等艳丽色彩，老年人则多用灰色、蓝色等深色调。彝族男性穿的裤子很有特点，裤脚有大、中、小三种类型。大脚裤宽度可达170厘米，而小脚裤则只能勉强把脚伸进去。

白族服饰

白族因为崇尚白色，所以服饰以白色为主。白族不论男女老少皆喜爱白色，他们根据年龄、性别等制作精美的服饰。白族女性一般穿白色上衣，外配坎肩，坎肩有红色、浅蓝色、黑色，坎肩右衽，纽扣处有银饰，腰部系有绣花飘带，上面有花鸟图案，下身穿蓝色宽腿裤，脚穿绣花白鞋。已婚女性和未婚女性的区别在于头发梳理的样式不同。已婚女性梳发髻，未婚女性编着小辫或盘着辫子于头顶。白族男性喜爱穿白色对襟上衣，外面套有黑色褂子，下身穿宽筒裤，头上用白色或蓝色头巾包头，肩部斜挎绣花挎包。山区白族穿戴颜色较艳丽，坝区白族穿戴颜色较素淡。各地白族服饰有些许不同，但总体看以浅色为主，深色为辅，对比强烈，颜色搭配明快而和谐，镶边装饰精美但不繁杂。

傈僳族服饰

傈僳族服饰因颜色不同而被称为"白傈僳""花傈僳"和"黑傈僳"。傈僳族女性服饰款式一般上衣是短衫，下衣是裙子，裙子褶皱很多，长度至脚踝处，也有穿裤子的，穿裤子时则在裤子外系围裙。女性短衫长至

| 白族服饰 |

腰部，对襟、圆领、无扣，平时敞开穿，天冷时用手护住或者用一些饰品压住，主要颜色是白色或黑色，也有花色的，裙子有的是麻布长裙，有的是用火草、白布、青布加工而成的百格裙，长度及地。黑傈僳女性一般不穿长裙，而是上身穿右衽短衫，下身穿长裤，腰部系有围裙。

傈僳族男性穿麻布衫，有长有短，对襟，爱背缝制精致的挎包，绑腿，下身穿长裤，长裤及膝。

布依族服饰

布依族男女均喜爱穿青色、白色、蓝色、黑色等颜色衣服，布依族老年人喜爱穿对襟短衣或长衫，女性多穿黑色百褶长裙，也有上衣穿大襟短衣配长裤的，系绣花围兜，头上裹布包帕。镇

宁地区的布依族女性喜爱上身穿大襟短衣，下身穿百褶大筒裙，在袖口、领口等处均镶有花边。布依族男性喜爱穿衣布衫，上面有蜡染、挑衣、刺绣等图案。

瑶族服饰

瑶族是山地民族，因居住地不同，服饰也不尽相同。瑶族男女服饰有着自己的特色。瑶族各支系服饰存在很大差异，金平红头瑶女性喜爱穿青布对襟长衫，腰部系有青布带，上有刺绣，下身穿宽大的有精美刺绣的花裤。防城花头瑶女性喜爱穿对襟交领长衣，袖口有镶布条作为装饰，下身短裤，绑腿，头顶有几何纹头帕。瑶族女性也有穿百褶裙的。瑶族服饰的挑花构图风格独特，整幅图案是几何纹。

瑶族男性上衣有对襟、斜襟、琵琶襟短衣，也有长衫，配长短不同的裤子，有绑腿，扎头帕。男性服饰颜色多为藏青色。

土家族服饰

土家族因为汉化较早，传统土家族服饰几乎消失。因为恢复传统文化的需要，土家族也在研制自己的服饰。从已出土的土家族文物

看，土家族女性穿左襟大褂，袖子宽大，下穿筒裤或者八幅罗裙，佩戴各种首饰。土家族男性穿枇杷襟上衣，下身穿裤子。土家族服饰款式以简单实用为主，注重细节，比如衣襟有镶边，衣领有刺绣等，但他们更喜欢宽松服饰，穿起来自在舒服。

黎族服饰

黎族是海南岛最早的居民，主要生活在海南省的部分县市。黎族服饰因各个方言区的方言、族源、生活习俗等差异，服饰有所不同。比如根据黎族的方言不同，女性服饰就有：哈方言女性服饰、润方言女性服饰、赛方言女性服饰、杞方言女性服饰、美孚方言女性服饰。总体看，黎族女性服饰主要由三个部分组成：头巾、上衣、下裙。上衣是无领、长袖、对襟、无扣或贯头衣，贯头衣是由三至五幅布料缝制而

| 黎族服饰 |

成。下身穿筒裙，由裙头、裙身带、裙腰、裙身、裙尾缝合而成。筒裙花纹图案丰富、复杂多样。筒裙的长短不一，有的是长筒裙，有的是短筒裙，这根据人们生活便捷的需要而不同。

黎族男性服饰由上衣、头巾、腰布组成。上衣无扣、开胸，用一条绳子绑住即可。下身穿开衩裙子，上面没有图案，裙子用绳子绑腰，上窄下宽，不过这种服饰已经

少见了，现在多是长裤。

畲族服饰

畲族服饰现在基本和汉族无异。在闽浙地区略微有一点自己的民族特色。畲族女性服饰是用自己织的苎麻布制成，右开襟、有领，衣服袖口、衣领，衣襟处均有花边装饰，颜色为黑色和蓝色。女性腰部系围裙，腰间系一条花腰带，上面有装饰花纹，有些地方女性也穿黑

色短裙或幅罗裙，脚穿尖头绣花鞋。

畲族男性穿对襟、无领短衣，下身穿长裤。冬季穿棉套裤。平日里穿的就是对襟无领青色麻布短衫，在节庆之日或结婚或祭祖时穿的服饰是青色或红色长衫，外面套有龙凤马褂，衣服胸前

和对襟处有龙的花纹图案，下身穿长裤，脚穿白色布袜和黑色布底鞋。

仡佬族服饰

仡佬族擅长纺织、刺绣、蜡染，他们的服饰色彩多样。女性多穿无领长袖大襟衣，上面有各种几何形图案，菱形、方形、长方形等，主要是用蜡染和刺绣表现出来。下身多穿无褶长筒裙，裙子由三部分组成，上下两部分是麻织条纹土布，中间是土红色羊毛织成。外穿圆领无袖、前短后长的贯头衣外套，头发盘成发髻，外面用布包上且在后面露出六个头穗，脚穿勾尖鞋。女性还用花帕包头。仡佬族男性穿对襟上衣，因为是高寒地区，所以外面披一毛毡，下身穿长裤，

|畲族服饰|

48

也穿长筒裙，男性的筒裙比女性的短，裙子没有褶皱，用白布或青布包头。

拉祜族服饰

拉祜族之前是自己种棉，自己织布，自己染色，自己做衣服。现在也自己做衣服，同时也喜爱外来的服饰进入他们的世界。拉祜族女性服饰主要有两种，一种是右开襟、开衩，长度至脚

面的长衫，两边开衩到腰部，衣服的衣边、袖口有各种颜色或几何花纹的镶边，在衣领和大襟处镶嵌银泡或佩戴银牌，下身穿筒裙，也穿长裤；还有一种对襟服饰，无领、窄袖口，衣服的长度至腰部，里面穿白色汗衫。头上均有黑色布包头。

拉祜族的服饰几乎都是黑色，他们以黑为美。男性多穿黑色对襟短衫，下身

穿肥大长裤。云南澜沧地区的拉祜族男性，喜欢穿用银泡或银币、铜币等做成纽扣的黑色或蓝色对襟短衫，用黑色、蓝色布包头。现在，拉祜族男性多喜欢在对襟短衣外面套一件黑面白里的外套，他们认为黑白配简单又大方。

佤族服饰

佤族因为是山地民族，服饰还留有自己的些许特色。他们崇拜红色和黑色，服饰多以黑色为主，服饰面料多是自制棉布、麻布，上面染成红、黄、黑、蓝、紫等颜色，再配上各种色线，然后织出各种美丽图案。佤族男性一般都是上身穿黑色或青色无领短上衣，下身穿黑色或青色大裆阔腿裤。男女老少都喜爱佤族挂包。青年男子还喜爱在领上戴竹藤

做的项圈，也有戴银项圈的。他们头部缠黑色布、红布或白布做的包头。

佤族女性服饰上衣无领、短衣，裙子长短不一，小腿有裹脚布。佤族女性均留长发，头发多是披散着，用发箍从前额到脑后拢住，不梳辫子。发箍是他们最有特色的头饰。她们还有一个明显的标志是在颈、臂、腰、腿戴竹篾圈或藤圈，未成年女子，每长一岁就要加一个脚圈，这种习俗，也是佤族文化的一个重要表现。

水族服饰

清朝改制前，水族男性穿无领、无扣长衣，系腰带，长发绾髻。改制后穿大襟无领宽袖长衫，现在多穿对襟、无领青色或蓝色的布衫，衣服只有一粒纽扣，通常他们以穿多少衣服显示家庭财富。

水族女性穿圆领、立襟、宽袖短衣，下穿四周镶有花边的长裤，节日期间穿裙子，腰系围腰。她们衣服材质多是黑色土布，衣服胸前有装饰绣片，里面绣有各种花草、蝴蝶等图案，穿时系银链，与围腰口衔接的银饰是以蝴蝶或花朵为内容的浮雕银花。水族女性衣服较长，围腰与衣服长度相当。头包长白头帕。

水族服饰

纳西族服饰

纳西族服饰有自己特色，最为著名的便是"披星戴月"。纳西族女性身后的羊皮披肩上有并排七个直径约7厘米的绣花圆布圈，布圈中有一对垂穗，垂穗表示星星的光芒，意为"披星戴月"。丽江一带纳西族女性穿右衽、立领、布扣、长袖、宽腰上衣，前短后长，外罩一件圆领右衽坎肩，系围腰或搭裙，下身穿长裤，脚穿绣花鞋，背部披着七星羊皮。中甸白地纳西族女性穿白色麻布长衣，衣襟是黑色和刺绣镶边，有腰带，下身穿长裤，也有穿长百褶裙的，背部披着七星羊皮。

纳西族男性服饰简洁明了。纳西族男性上衣为棉布麻布衫，外披羊毛毡或羊毛坎肩，下身穿黑色或蓝色长裤，腰有腰带，穿布鞋。中甸一带的纳西族男性穿右衽或对襟的长外套，外套长至腹部以下，头部用红布包头。

羌族服饰

羌族男女均穿麻布长衫，羊皮坎肩，束腰带，绑腿。男性穿过膝长衫，麻布或羊毛织成的腰带和绑腿，腰带上挂火镰和刀。女性长衫长至脚踝，衣襟、袖口等处镶有花边，腰带上也有花纹图案。女性喜爱用青布头帕或白布头帕包头，头巾上绣有各色图案，男性喜爱用青色或白色布包头。

纳西族服饰

| 羌族服饰 |

仫佬族服饰

仫佬族主要生活在广西。他们喜欢自制土布，穿的服饰多是自制。因为崇尚青色，仫佬族女性的上衣是大襟、短衣、宽袖，穿长裤，年老女性常在腰上系青色围裙，围裙带是用黑白相间的棉线织出的几何图案。仫佬族男性服饰穿对襟、无领上衣，年老男性穿琵琶襟上衣，下身穿长裤，青年男子戴瓜皮碗帽或青布头巾。

| 仫佬族服饰 |

景颇族服饰

景颇族服饰属于豪放派。男性多穿黑色圆领对襟上衣，下穿短而肥大的黑色裤子，头部包头，包头布的一端还有红色绣球，在耳朵边显得格外耀眼醒目。他们喜爱佩戴两把长刀，一把是平时劳动所用，另一把是装饰性用刀。他们还喜欢背一个用银泡装饰的挎包，用来装东西。他们的服饰颜色多以黑色、白色、红色三种颜色为主，配以黄、绿、蓝、棕等颜色作为辅色。

景颇族女性上身穿黑色对襟上衣，下身穿黑色和红色织成的筒裙，有绑腿。节日盛装则在衣服前后配有很多银泡作为装饰，颈部戴一个银项圈或一串银链子、银

景颇族服饰

铃。女性佩戴的银饰越多越说明此女子勤劳能干、富有。

布朗族服饰

布朗族男女均喜欢穿青色和黑色衣服。男性上身穿

对襟无领上衣，下身穿宽大长裤，头部用黑色或青色布包头。无论男女均喜欢喝酒、抽烟、纹身、染齿，他们认为只有染黑的牙齿才美观坚固。女性服饰根据年龄不同而有所差异，年轻女性穿镶花边小背心，背心外穿窄袖短衫，左右大衽，斜襟、无领，紧腰宽摆，腋下系带，下身穿筒裙，长至脚面，内裙会比外裙长一个边，这样有层次感。已婚女性用彩色围巾包头，头发包起后在两侧坠有穗状物。中老年女性用黑色布包头，服饰也很简单，就是筒裙。

毛南族服饰

毛南族服饰根据季节、年龄、性别、社会地位的不同而有不同服饰。夏季穿的

服饰称为"骨年突"，冬季穿的服饰称为"骨年香"，各种走亲访友穿的服饰称为"骨拜板"等，毛南族自己的衣服不可随便扔掉，他们对衣服很珍视，叫作"本身"，意指"灵魂"，不可被别人拿走，否则易带来病灾。女性服饰是大襟衫或对襟衫，主要特点是在右开襟处镶有三道黄色花边，从衣领到衣襟要镶有黑色花边，衣服花边有大小之分。裤子的裤脚也镶有三道黑色花边。毛南族男性穿的服饰称为"五扣衣"，右开襟，不镶花边，有五颗闪亮的铜扣，领子一颗，右襟三颗，肚脐眼位置一颗，下面开襟，腰部缠八尺长的黑色腰带，腰带两端用红、黄、白、蓝绒线制成布须，布须在缠腰时外露，

| 毛南族服饰 |

下身穿宽腿裤子，脚穿白底黑布鞋。

普米族服饰

普米族女性上身穿袖口、领口有花边图案的开襟短衣，下身穿百褶裙，裙脚宽大且裙脚边有一圈缝成褶

皱形状红线，腰间有一根彩带。日常生活中，普米族女性穿羊皮褂。男性上身穿黑白对襟短衣，下身穿麻布开筒裤，无裤带，有绑腿。

阿昌族服饰

阿昌族男性穿对襟布扣上衣，主要有黑、白、蓝等颜色，下身穿黑色裤子，系黑色绑腿，斜背筒帕，在胸前戴红丝绒结成的菊花，戴包头。女性穿对襟、银扣上衣，下身里面穿黑色或蓝色长裤，外系绣花飘带黑布裙。已婚女性上身穿对襟上衣，下身穿长筒裙，系黑布围裙。阿昌族无论男女老少都喜欢在头上、胸前、腰部等处挂鲜花或绒球花，他们认为这些饰品不仅美观，还有品性正直和心地善良之意。

阿昌族服饰

怒族服饰

怒族男性服饰为交领麻布长衣，内穿对襟汗衫，外穿无扣长衫，下身穿及膝长裤，男性蓄发，用青色或白色布包头，裹腿。穿裤子时要前襟上提，扎宽大腰带。有的男性还喜欢在腰间佩戴怒族刀。女性上身穿开襟布衫，右衽，短衣，麻布质地，下身穿麻布长裙，裙角镶有花边。

怒族服饰

京族服饰

京族男性穿长衣，长度至膝，窄袖，露胸，束腰。京族女性上身穿窄袖、无领、对襟短上衣，内挂菱形遮胸布，下身穿黑色或褐色长宽腿裤。外出时套浅色旗袍式外衣。他们最有特色的是男女均戴斗笠。

| 京族服饰 |

基诺族服饰

基诺族服饰很有自己特点。通常男性上身穿白色圆领、无扣对襟上衣，下身穿及膝宽筒裤，裹绑腿，缠头，并且戴有刻着花纹的竹木或银制的耳环。他们认为耳环是一个人勤劳的象征，所以从小就戴耳环，如果一个人耳环眼小就会被认为胆小、懒惰。基诺族男性的衣服背部会有一块彩色图案，即"日月花饰"，"日月花饰"是基诺族男性成年的标志，佩戴它是经过成年礼的标志。

女性头发盘成高髻，戴三角形尖帽，身上背有多种图案大麻布袋，女性上衣是对襟短衫，也称为"彩虹衣"，黑布镶花边、彩布、红边，背部有太阳花图案，胸前系三角形花布遮挡，下身穿短裙，有绑腿。

德昂族服饰

德昂族男性上身穿大襟上衣，下身穿宽短的裤子，用白黑布头巾裹头，戴大耳环和银项圈。包头两端有各色绒球。女性上身穿对襟短上衣，衣襟边镶两道红布条，用四五对大方块银牌做纽

|基诺族服饰|

|德昂族服饰|

扣，下身穿长裙，长裙上面遮住乳房，下面直至脚踝，上有鲜艳的彩色横线条，这种长筒裙是德昂族女性很喜欢的一种服饰，她们的筒裙上有彩条水波横纹，鲜艳夺目。女性服饰颜色多是藏青色和黑色。她们喜欢用黑布包头，不留长发，包头两端像发辫一样甩在身后。德昂

族女性还戴有藤篾或竹篾编制而成，宽窄不一，上涂红、黑、黄、绿等颜色的腰箍，也有的上面刻有各种花纹图案或包上银皮或铝皮。行走时就会发出响动。女性戴腰箍是成年与否的标志。

保安族服饰

保安族服饰和回族东乡族服饰基本无差。男性喜欢里面穿白衬衫，外穿青布背心，节日时穿黑色翻领大襟长袍，系腰带，脚穿高筒皮靴。平日则喜欢戴白色或黑色的号帽。女性平日里穿紫红色或墨绿色大襟上衣，上衣长度过膝，外穿坎肩，下身穿蓝色或黑色的土布裤子。节日里穿色彩相对艳丽的衣服，比如下身穿水红色的裤子。女性喜爱戴盖头，

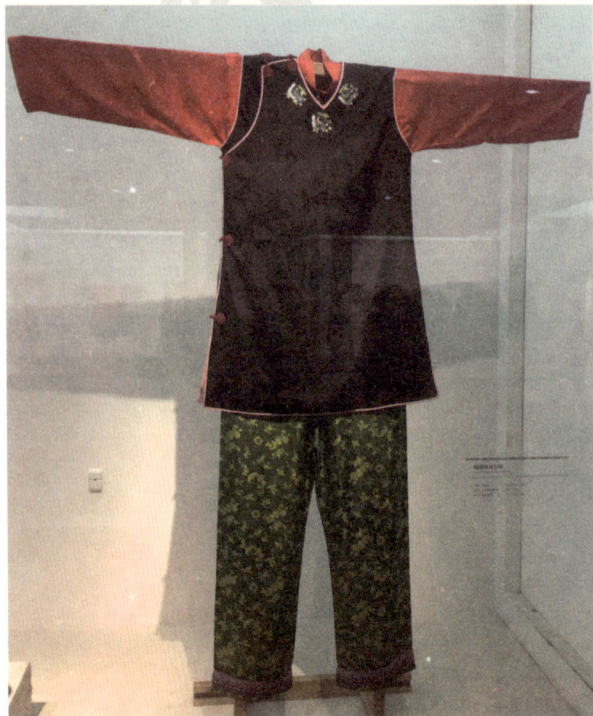

保安族服饰

不同年龄戴不同颜色盖头，年轻女性戴绿色盖头，中年女性戴圆形白帽或白色盖头，老年女性戴白色盖头。

门巴族服饰

门巴族主要居住在西藏的门隅地区和墨脱县。男性上身穿长袖、对襟短上衣，有两个布扣在右边，下身穿花纹短裤。冬季穿氆氇长袍或野牛皮大披挂用以保暖。女性夏季上身穿花纹上衣，下身穿白色短裤，冬季穿用氆氇拼接成长方形、中间有一个圆口的披肩。男性会在腰部挂一把利刀，外出时手持强弓，头戴熊皮帽。

|门巴族服饰|

独龙族服饰

独龙族主要居住在云南西北部。他们的传统服饰是用一块独龙毯从左肩腋下斜拉至胸前，左肩一角用草绳或竹针系住，露出左肩右臂，腰部佩戴弩弓或砍刀。下身穿短裤。女性在腰间系戴染色的油藤圈作为装饰，还把很多首饰挂在颈上或耳朵上，他们最喜欢戴的是竹质耳管和大铜环。男女均散发。虽然随着时间向前推移，独龙族也穿普通样式的汉族服饰，但是披条纹线毯仍是保留下来的习俗。

独龙族服饰

高山族服饰

高山族服饰多彩丰富，传统服饰有贯头衣、交领衣、胸衣、长袖上衣、裙子等。各个族群均有自己的服饰特色，如布农人以穿皮衣为主要服饰；阿美人有刺绣围裙等。总体看他们的服饰主要以红、黑、黄三种颜色为主，男性服饰有腰裙、套裙、长袍、挑绣羽冠等。女性服饰有短上衣、长裙、围裙及膝裤等。高山族很爱饰物，在他们看来饰物是身份的象征。

珞巴族服饰

珞巴族服饰充分利用自然界的东西作为服饰原材料，比如野生植物纤维和兽皮。男性多穿羊毛做的坎肩，即用两块窄幅的长条拼接在一起成为一个长条的毯状，中间没有接缝，但是顶端会有一个能套头的小孔，长度至腹部，内穿藏式氆氇长袍。女性爱穿棉布做的服装，上身穿对襟无领窄袖上

珞巴族服饰

衣，外披着小牛皮，下身穿紧身筒裙，绑小腿。珞渝地区的珞巴族，男性穿自织的白色短上衣，长袖，对襟，戴银饰，腰带要很讲究，上面有各种图案。因为平时需要劳动，不太注重打扮，一旦节日，则非常注重打扮，戴很多首饰。女性常常佩戴两三个戒指，男性则在腰间佩戴砍刀。

服饰的价值剖析

| 服饰的价值剖析 |

服饰自古传承，在这个过程中吸收和融合了传统文化中民众对艺术的追求，从而形成了服饰文化，服饰文化既有历史价值也有现实意义。

中国服饰历史悠久，它是深厚历史和民族文化相结合的产物，积累了不同历史时期的服饰文化与民族文化。它是人类社会大环境下不断调适自己以至更好地理解人类精神世界变化的一种物质文化，它也是统治者曾经的政治需求，在民众文化生活逐步丰富并代代传播、传承。为迎合社会大环境发展，服饰也与时俱进，不断变化、创新。服饰在传承发展过程中，蕴含着诸多因素，诸如民族文化、宗教信仰、民间风俗、民间禁忌、神话传说、生活生产方式变化等，因此，服饰文化本身就是中华传统文化的衍生物，有重要的历史价值。

社会不断发展和演变，民族也在不断发展，但是，作为文化资源的服饰，随着社会发展，也正在经历着变化，各民族的穿衣习惯逐渐趋于一致性，而少了多元性。同时，受全球化的影响，很多人的审美观念也发生了变化，他们把牛仔裤当成追求的一种潮流，致使很多多元色彩的服饰开始退出人们的视界，面临着消失甚至消亡。这主要有两个方面原因：第一，经济的发展使得当地百姓开始出去打工，他们看到新的世界，自觉地改变着审美追求，外面的文化也改变着他们的文化行为。很多原本穿着民族服饰的人们被认为土气，而穿着牛仔裤则认为是一种时尚，人们对穿衣有了新的概念。第二，旅游热、民俗热致使原文化被改装。近几年兴起的民俗旅游热，人们去少数民族地区旅游，当地的文化吸引了外来群众，很多商人开始把服饰当作赚钱的工具之一，传统服饰的改装、流失现象严重。

在国家大力提倡保护非物质文化遗产的社会大环境下，服饰作为传统民族文化的重要部分，必须重视服饰文化的传承和发展，地方政府要注重其发展，要认识到文化建设的重要性，重视文化传承人的建设，承认文化多样性与整体性并存，这是对服饰文化的有力保护。

因为民族文化的兴起，民众的参与、交往、沟通，在某种程度上充实了文化资源，让民众有了文化认同、民族认同、族群认同，加深了彼此的共同记忆，增加了彼此的文化自信。服饰需要传承、发展，这对保护好地方性民族文化有重要意义，政府在重视传统文化中要注意民族文化中服饰的正面积极作用。

图书在版编目（CIP）数据

服饰 / 宋小飞著 ；萧放本辑主编. -- 哈尔滨 ：黑
龙江少年儿童出版社，2020.9（2021.8 重印）
（记住乡愁 ：留给孩子们的中国民俗文化 / 刘魁立
主编. 第七辑，民间礼俗辑）
ISBN 978-7-5319-6554-1

Ⅰ. ①服… Ⅱ. ①宋… ②萧… Ⅲ. ①服饰—风俗习
惯—中国—青少年读物 Ⅳ. ①K892.29-49

中国版本图书馆CIP数据核字(2020)第182210号

记住乡愁——留给孩子们的中国民俗文化　　　　　　刘魁立◎主编

第七辑　民间礼俗辑　　　　　　　　　　　　　萧　放◎本辑主编

服饰　FUSHI　　　　　　　　　　　　　　　　　　宋小飞◎著

出 版 人：商　亮
项目策划：张立新　刘伟波
项目统筹：华　汉
责任编辑：于　淼
整体设计：文思天纵
责任印制：李　妍　王　刚
出版发行：黑龙江少年儿童出版社
　　　　　（黑龙江省哈尔滨市南岗区宜庆小区8号楼 150090）
网　　址：www.lsbook.com.cn
经　　销：全国新华书店
印　　装：北京一鑫印务有限责任公司
开　　本：787 mm×1092 mm　1/16
印　　张：5
字　　数：50千
书　　号：ISBN 978-7-5319-6554-1
版　　次：2020年9月第1版
印　　次：2021年8月第2次印刷
定　　价：35.00元